INNEHALTEN
ODE AN DIE PAUSE

GEDICHTE

Ana Flor

INNEHALTEN
ODE AN DIE PAUSE

GEDICHTE

Ana Flor

Bibliografische Information der Deutschen Nationalbibliothek:

Die Deutsche Nationalbibliothek verzeichnet diese Publikation in der Deutschen Nationalbibliografie; detaillierte bibliografische Daten sind im Internet über dnb.d-nb.de abrufbar.

1. Auflage 2020
Copyright © 2020 Ana Flor
Umschlaggestaltung und Layout: Ana Flor
Fotos und Bilder: Ana Flor

Kontakt: poems@anaflor.de
www.anaflor.de

Herstellung und Verlag:
BoD–Books on Demand, Norderstedt
ISBN 9-783752-691863

Inhalt

Innehalten. Ode an die Pause. Gedichte

Vorwort

*Schließ die Augen,
dann findest du den Weg.*

Aus einer Legende der Puyallup-Indianer

Schwebfliege vor Islandmohn, Norwegen

Vorwort

Innehalten. Eine Pause machen. In sich hinein-
spüren. Horchen. Sein. In Stille oder in Bewe-
gung. Sich aus dem Trubel der Zeit herauszu-
nehmen ist wichtiger denn je, und so habe ich
für Sie 122 bekannte und neue Gedichte in
alphabetischer Reihenfolge zu diesem Thema
zusammengestellt.

Ich wünsche Ihnen eine entspannte Lesepau-
se und danke allen Menschen, die mich auf
meinem Lebensweg begleiteten und beglei-
ten. Sie alle haben auf ihre Weise zur Vollen-
dung dieses Gedichtbandes beigetragen.

Ana Flor, im Dezember 2020

*An das
Innehalten,
denn die Pause
ist das Tor
zwischen Ohr
und Handeln.*

Abendzauber.

In des verzweigten

Abendnestes

warme Armbeuge

schlüpfe ich

weltflüchtend.

Nachttrunkene Sternenglut.

Wipfelschaukelnde Stille.

Meine Seele wiegend

in mondeslächelnder

Dankbarkeit.

Aller Zweifel ^{enthoben}.

Aller Zweifel ^{enthoben}

im Raum zwischen Schaffen und Tun.
Sich selbst Treue geloben
und ganz viel sein und ruh'n.

Aller Zweifel ^{enthoben}

im Raum des Nichttuns, des Seins.
Es zieht dich alles nach oben,
und was Meins ist, ist auch Deins.

Aller Zweifel ^{enthoben}

zwischen Himmel und der Zeit.
Lass' die Funken stoben
beim Tanz im Feuerkleid!

Allheilmittel.

Es gibt nichts zu grollen oder grämen.

Nichts zu fürchten oder schämen.

Alles Leiden heilt die Zeit

(Allheilmittel),

bist du erst dazu bereit.

Sitze still und warte ab.

Grübeln bringt dich nur ins Grab.

Sei leise, friedvoll und verhalten

und lass' das Gute

in dir walten.

Am Altar der sprudelnden Quelle.

Ich sitze am Altar der sprudelnden Quelle
und halte.
—

Halte die Stille.
—

Halte die Zuversicht.
—

Halte...
—

—

—

... und lasse doch los.

Denn wir sind alle gehalten
im großen Alleinen,
vereint in einem Sein.
Denn es gibt keinen
Unterschied
zwischen
mir und dir,
ich und du.
Hör gut zu:
—

Die Stille spricht zu dir.
aus dem Alleinen
in das Alleine
in Dir.
Mir.
Uns.

An die Liebe.

In der Weite

des Universums

rufe ich mich,

suche ich mich,

verliere ich mich.

finde ich mich.

sehe ich mich.

begreife ich mich,

vergieße ich mich

in dich.

Anfang im Ende.

Den Anfang im Ende finden,
sich des Schweren entbinden.
Lasten von Bord schmeißen
und Verstrickungen zerreissen.

Alles in Liebe und Achtsamkeit,
der Lotus wächst aus Schmerz und Leid,
und Neues wächst aus allem Alten,
wenn wir lassen, statt zu halten.

Dies ist eine alte Lektion,
und du kennst sie lange schon.
Öffne dich und sei bereit
für Liebe, Leben, Dankbarkeit.

Atemblau.

Die Arme weit

atme ich

das frische Blau

in meine

geöffneten Lungenflügel.

Atme mich weit,

weit in mich hinein

—und erblaue.

Aufgetaucht.

Hast dich gefunden.
Bist aufgetaucht.
In dir gelandet.
Angebunden.

Hast einen RIESENSPRUNG
zu dir gemacht.

Bist stark.
Klar
Bereit.
Erwacht.

Bist gewachsen.
Dein Stängel ist stark.
Deine Blüten duften.
Du atmest das Leben mit dir.

Bist aufgetaucht.

Augenblick I.

Über alles Streben

nicht das Leben

im Hier und Jetzt vergessen!

Nicht nur wie besessen

am GesternMorgen kleben

und Zukunftsfäden weben.

Sei im Hier und sei im Jetzt,

das geht nur, wenn Du nicht hetzt.

Lass das Streben, Ahnen, Wollen

und schöpfe aus dem vollen

Reichtum des Augenblicks.

Ausatmen.

Ganz allein nur dir vertrauen
und ganz auf dich alleine bauen.
In den blauen Himmel fliegen
und über alle Ängste siegen.
Vor allem nicht beirren lassen
und so noch dich selbst verpassen.
Stattdessen einfach bei dir bleiben
und dir mit dir die Zeit vertreiben.

Bist wieder mal bei dir Zuhaus.
Alle andern schickst du raus.
Der Besuch gilt dir allein–
hier im Seelensonnenschein.
Es ist viel zu lange her,
das Sein in deinem Seelenmeer.
Zu viel Außen, wenig Innen,
viel Gehetze, wie von Sinnen.

Jetzt jedoch atmest du aus
und genießt den Seelenschmaus
in vollen und in ganzen Zügen.
Schön, sich selber zu genügen!

Azaleenduft (Die Erkenntnis).

Durch die sanftmilde Abendluft
schwebt lilaschwerer Fliederduft.
Unvermittelt ein Kindheitsbild.
Wie ich als Kind so froh und wild

durch den wilden Garten streifte.
Alles grünte, blühte, reifte.
Unbefangene Kinderwelt,
die sich in meinem Innern hält.

Ein Duft wiegt mehr als all die andern,
und meine Gedanken wandern
zurück zu den frohen Tagen
ohne quälend graue Fragen.

Wo nur das Kinderstaunen zählt
und kaum ein Muss die Seele quält.
Dort stehe ich im Blütenmeer.
Es ist so bunt und duftet schwer

nach orangegelben Azaleen.
Die Düfte ihrer Blüten weh'n
durchdringend mit dem lauenWind,
und glücklich riecht das stille Kind

an jedem bunten Blütenkelch.
Denke ich an diese Zeit, welch
Wohlgefühl will mich erfassen.
Alle meine Sorgen lassen

mich dann mit einem Male frei.
Es ist tatsächlich so als sei
ich durch den Blütenduft befreit
und atmete mich friedlich weit.

Das Glück froher Kinderstunden
verschmolz in frühlingslauer Luft
mit mildem Azaleenduft,
hat mich nun erneut gefunden,

gipfelt in blumiger Süße.
Dieser Duft bringt Kindheitsgrüße,
und mir den wildfrohen Frieden.
Dem Azaleenduft sei Dank!

Beginne Deine Reise.

Beginne deine Reise
ins unbekannte Ich.
Erfinde deine Träume,
erfinde, finde dich!

Schau nach bestimmten Zeichen,
dann schwebe in das All.
Stell dir selbst die Weichen.
Spiel mit dem Lebensball!

Besinnung.

weiße Winterweite
eingeschneites Land
stiller Blick aus dem Fenster
auf die eigene Seele

still ergebene Baumleiber
gehüllt in zartes Weiß
lautlose Elstern
tragen die Farben der Landschaft

mit den Schneeflocken rieseln
die Gedanken
—werden leise

a t m e n

i m   R h y t h m u s

d e r   Z e i t l o s i g k e i t

Besuch.

Besuche dich
sooft es geht.
Sag' nicht:
„Das ist jetzt ungelegen"
oder gar „Es ist zu spät!"

Denn bei sich sein
ist wahrer Segen,
der, gleich dem Bauern,
Früchte sät.

Drum sei bei dir
und nicht allein.
Sei bei dir,
begleite dich
auf all deinen Wegen.

Betrachten eines Schmetterlings.

Bleibe unverrückbar in der Beweglichkeit.
Beweglich in der Unverrückbarkeit.

Finde die Nähe zur Distanz.
Distanziere dich von der Nähe.

Sei Teil des Ganzen, denn
das Ganze ist ein Teil von Dir!

Blättermeer.

Ich bin in den Herbst gefallen
und hab mich im
Blätterhaufen
gefunden.

Hab mich unumwunden
mir vorgestellt
und die Welt
in ein Blättermeer

ver-
wandelt.

Blätterschwelgen.

Nachdenklich gestimmt

fallen

die Blätter,

schwelgen

in Erinnerungen

und

verblassen

im braunen Mantel

des Herbstes.

Blättersee.

Der Herbst

dringt durchs Fenster

in dein Herz.

Tiefer Blättersee

wiegt sich in

deinem Binnenmeer.

Bis zur Quelle

ergießt sich das Bunt

deiner Seele.

Blau.

Atme das Blau.

Rieche das Blau.

Schmecke das Blau.

Höre das Blau.

Fühle das Blau.

Sieh das Blau

—und erblaue.

Blauer Tempel.

Im Bauch ganz flau?

Du weißt genau:

Atme aus

und lass' raus

was dich stört,

nicht reingehört

in deinen

blauen Tempel.

Blaues Band.

Ich stand
im ergrünenden Land
und fand
mein blaues Band.

Der Wind
rauscht nun sanft
und flüstert
das Grün.

Die Rinden
atmen Licht
und in den Ästen
flüstern die Blätter.

Die Regenwürmer
singen ihr Lied
und ehrfürchtig
verneigt sich der Himmel.

Ich stand
im ergrünenden Land
und fand
mein blaues Band.

BlauTraumSinfonie.

Das Blau

in mir trägt

die Farbe

meiner Seele.

Blaue Töne.

Traumblau.

Seelenton.

Blausternrose.

BlauTraumSinfonie.

Blumenfroh.

wächst du dir entgegen
und lebst dein
blumenfrohes Leben
auch in
Wolkengrau und Sonnenferne
blüht dein Seelengarten
in den leuchtendsten Farben.

Fröhlich plätschert
deine Quelle,
und dein Seelensee
ist tief und klar.
In deinem Hain
ruhst du im kühlenden Schatten
kühner Bäume
und träumst dich
ins Leben.

Du wächst dir,
Stück für Stück,
entgegen.
Welch ein Segen!

Blumeninsel.

schaue nach innen
und nicht wie von sinnen
nach außen

liebe die stille
und lass wille
wollen, streben

übe das sein
und lass dich ein
auf dich

akzeptiere was ist
denn dann vergisst
du alles

sei einfach du
und schau zu
wie du erblühst

wachse und glühe
und sprühe
lichtfunken

geh deinen weg
und bau einen steg
zu deiner blumeninsel

dort sitze und sei
du und frei
von allen zwängen

atme ein und aus
und komm nach haus
um zu sein

Das Geschenk der Stille.

Alles ist in der Stille.
Dort liegt der Schatz verborgen.
Die Seele, unser Herzenswille.
Das Jetzt, das Gestern und das Morgen.

Stille ermöglicht Erkenntnis.
In der Tiefe der Stille liegt das Licht,
liegen Liebe und Verständnis
für eine neue Herzenssicht

auf alles was gewesen.
Alles, was uns Leid gebracht,
alles darf genesen,
sich wandeln in der Wandelnacht.

Waren wir viel im Außen
gehen wir nun nach Innen.
Das Drinnen wird zum Draußen,
und wir schauen mit neuen Sinnen

□ auf unser aller Leben,
sehen Geschenke, Verbundenheit,
sehen die Liebe und lieben das Geben,
durch das Geschenk der stillen Zeit.

Das große Ausatmen.

Das Leben wird nun langsam wieder
zu einem großen Ausatmen.
Und lässt die Kneifzangen weg.
Schraubstock und Maßband,
Vorschlaghammer und Gummimanschetten
wandern zurück in die Werkzeugkiste,
werden verschlossen und warten auf einen
nächsten Einsatz am Sankt Nimmerleinstag.

Deine Uhr geht nun wieder nach dem Mond,
deine Stimme wandert in die Flüstertüte,
und der Lernzirkel wird zum Circle Game.
Lebensspiralen winden sich
wie schwarzäugige Susannen
um deinen Körper, duften nach Heu,
Jasmin und Unendlichkeit.

Lilafarbene Blütentrauben des Jacaranda
durchweben dein Haar,
und durch die Adern fließt reines Quellwasser.
Leise wiegt dich die Lebensschaukel
in ihrem Arm.
Behutsam, sanft und zärtlich.
Der Nachklang des Kusses der Sternenfee
auf deiner Stirn lässt dich friedlich lächeln.

Du dehnst dich aus -
weit — w e i t — w e i t e r
bis an die Grenzen des Nirgendwo
und durchschreitest dort die Tür
zu deinem blauen Tempel.
Wieder Zuhause.
Bei dir.

Dein Raum.

Mit deinen Augen
siehst du
deinen Raum.

Mit deinen Füßen
betrittst du
deinen Raum.

Mit deinen Händen
hältst du
deinen Raum.

Mit deinem Körper
fühlst du
deinen Raum.

Mit deiner Seele
füllst du
deinen Raum.

Mit deinem Sein
bist du
dein Raum.

Den Schlaf umfangend.

Den Schlaf umfangend
lege ich meine Hände
in deinen Schoß.

Der Nacht ergeben
liege ich nackt und bloß
unter deinem Sternenzelt.

Dem vielen Tun enthoben
entrücke ich der Welt.

Mit den Träumen fliegend
bin ich mit allem eins.

Mich geborgen wiegend
ist das Weltall meins.

Der Mantel.

Schützend umfängt dich
seine wärmende Wolle,
damit du dich
in deinen eigenen
Kelch ergießen

kannst, deine Schöpferkraft fließen
lassen,
als solle
etwas gebrochen werden,
glühen, um dann zu verblassen.

In dir ruhend, fest und sanft
wärmt dich nun dein Sein.
Gedanken reifen zu Blumen,
zu Blütenheeren
und stehen doch allein.

In dir sitzend reifst auch du.
Und durch wollende Milde gestreckt
ist endlich die Sehnsucht,
anstatt dich zu wehren,
nach Vollendung geweckt.

Dich genießen.

Dich genießen statt
dich ständig zu vergießen
in fremde Lebenstöpfe
und einzutauchen
in die Köpfe
anderer.

Eine Lieblingsdisziplin,
die dich Zeit und Nerven kostet.
Zudem rostet
währenddessen
DEIN Lebensrad ein.

Sag' NEIN!

Die Erkenntnis der Endlichkeit.

An Imbolc kommt das Licht zurück,
und das Herz wird leicht und weit.
Wir spüren schon das Frühlingsglück,
danken der Erkenntnis der Endlichkeit
von Allem.

Wie eine Spirale dreht sich das Leben
im ewigen Vorwärtswandelgang.
Und was noch gerade eben
unveränderlich schien, währt nur so lang
wie ein Schmetterlingsflügelschlag.

Es ist eine Ahnung, ein leichtes Atmen nur,
das uns kurz innehalten lässt.
Ein feines Erbeben der Natur,
und still drücken wir diesen Moment fest
an unsere Herzen.

Die Essenz des Karamellbonbons II.

In der Präsenz des Augenblicks

verschmilzt der Moment

zur Essenz

des Karamellbonbons.

Die Poesie des Lebens.

Alles darf und gar nichts muss,
mit dem Müssen ist nun Schluss.
Jetzt kommt schweben,
fließendes Leben.
Freies Sein
im Seelenschein.

Mit diesem Motto
durchs Leben gleiten
und dir selbst
ein Fest bereiten.
Der Blume leichtes Gaukeln leben.
Helle Freudenfäden weben.
Lachperlen aneinander reihen
und alle Schmetterlinge

aus dem Bauch befreien.
Die Poesie des Lebens atmen,
darin baden, tauchen, sein.
Buntes Traumstoffweben
und dem Leben
Freudentränen geben.

Du bist.

Du gleitest ruhig
und langsam dahin.
Die Zeit steht still.
Der Sprung			aus
der Welt.

Alles ist warm und weich.
Keine Angst, keine Sorgen.
Kein Alltag bedrückt dich.
Was zählt
ist das Hier und Jetzt.
Ganz und gar.

Zentriert
in deiner Mitte
harrst du der Dinge,
die da kommen mögen.
Mit einem leisen Lächeln
auf den Lippen.

Der See ist glatt
und still.
Tief und klar.
Er spiegelt
die Sonne.
Das Leben.
Wärme und Energie.

Du sitzt.
Unbewegt, fest und geduldig.
Spürst die Sonnenstrahlen
auf deinem Gesicht.
Spürst, genießt und schweigst.

Du bist.
Hier und jetzt.
Ganz und gar.
Stilles Glück.

Du bist gehalten.

Halte dich
im Wasser der Zuversicht.
—

Halte die Stille...
—

—

—

...und spüre, dass du gehalten bist.
—

Immer und ewiglich
—

in der einen Hand.
—

—

—

Halte dich,
denn du bist gehalten.
—

—

—

•

Eingeschneit.

Eingeschneit
und weit
entfernt
von
Hektik, Stress und Stadtgewühl
lass ich meine Seele baumeln.

Aufgehört hat
blindes Taumeln.
Endlich wieder das Gefühl
von
Ruhe, Frieden, Stille.
Jetzt bestimmt mein eigner Wille
über Rhythmus, Zeit und Raum.

Zu lange wurde er verletzt.
Nun wird gelebt
und nicht gehetzt.

Schöne, leise Tage.
Willkommen ICH.

Elfter Monat des Jahres.

Elfter Monat des Jahres.
Kommst daher geschlichen
wie ein Dieb, der was
zu verbergen hat.

Denn du bringst
den Geruch nach Verwesung,
Vergänglichkeit und Tod.
Das Schweigen der Ewigkeit.

Du bringst aber auch
die goldenen Sonnenfäden,
das Geräusch der Stille
und die langen Nächte.

Ziehst mit deinem Nebelmantel
wallend und silbern
durch die bunten Blätterhallen
und befeuchtest unsere Seelen.

Bedeckst die schlafende Erde
mit leise raschelndem Laub,
lässt die Fliegenpilze leuchten
und schenkst uns die Stille.

Es ist die Zeit der Stille.

Was für eine verrückte Zeit.
Alles erblüht, weit und breit
scheint nichts den Frieden zu stören.
Und doch fühlt sich alles anders an.
Die Zeit verharrt im Virus-Bann
und wir zwischen reden und hören.

Es ist die Zeit der Stille.

Alles fühlt sich anders an.
Weil ich nicht mehr alles machen kann.
Weil die Zeit so dehnbar ist.
Weil die Zeit sich selbst auffrisst.
Weil der Wind uns fordern will,
Weil etwas sagt: Werde jetzt still.

Es ist die Zeit der Stille.

Und auch die Zeit der Hoffnung.
Weil wir jetzt alles sehen,
Weil wir nicht alleine gehen.
Weil Unwichtiges sich vergisst.
Weil du an meiner Seite bist.

Es ist vollbracht.

I Katharsis.

Ein tiefer Atemzug füllt
die Lungen
mit Verheißung.

II Befreiung.

Tonnenschweres Gewicht
gleitet von den Schultern
in den tiefen klaren See.

III Gelandet.

Kristallenes Wasser.
Raum. Zeit. Ewigkeit.
Es ist vollbracht.

Fafásila.

sedàmdifa

madánidu

fafáfidu

melàsifa

lewéfada

dadúzidam

madánidu

fafásila

dámdadidám.

Fischsuppenzeitcocktail.

Du treibst in einem Meer aus Zeit,
bunte Fische um dich her.
Weit und breit
nur Ozeanblau
und eine äußerst glückliche Frau.

Fischsuppenzeitcocktail,
langsam fließt das Gel
der Zeitlosigkeit
über deine Haut,
und ein Drang wird in dir laut

nach Vollendung im eigenen Sein.
Knie vor dem heiligen Schrein
schau in dein Gesicht.
Sieh Farben, Spiralen, blaues Licht.
Hör den Mund, der zu dir spricht:

„Ich bin dein Selbst, dein Ich, dein Du.
Darum hör mir bitte zu.
Die alte Haut ist abgestreift,
und nur ganz selten schweift
dein Auge noch in alte Fernen,

verirrst du dich zu falschen Sternen.
Denn nun erkennst du immer mehr,
wo deine wahren Wurzeln sind.
Irrst nicht mehr wild, ziellos umher,
bist nicht mehr suchend, fragend, blind.

Erkannt hast du, worum es geht
und sitzt still an deinem Ort.
Genau hier, wo sich das Zentrum dreht,
und weißt, du musst nie wieder fort."

Frühlingswiegeschritt.

Du sammelst dich und deine Gedankenblüten,
die in wunderbar farbenfrohem Kunterbunt
rund um dich her weit verstreut sind.
Ein Blumenmeer aus knospenden
Wortspielschösslingen.

Du ergießt dich in deinen
kristallklaren Märzenbecher
und schenkst der Welt dein schönstes Lächeln.
Im Sonnenlicht badend vertreibst du letzte
dunkle Flecken auf deinem Seelensee.

Schwäne gleiten grazil über ihn hinweg,
und die Sonne verjagt auch den letzten Fitzel
grauer Ödnis aus dem Finsterwald.
Keimendes Leben sprießt und klingt
aus allen moosgepolsterten Frühlingsnischen.

Aus jeder Vogelkehle, jeder Rinde, jedem Stein.
Die Seele swingt im Frühlingswiegeschritt
und lässt ihr goldenes Gewand erstrahlen.
Vertreibt die fahlen Winterfarben
und leuchtet der Welt mächtig heim.

Beim Seelenwandern erkennt jeder den andern
und grüßt mit federleichtem Lächeln.
Wir sind mit allem verwandt,
uns führt eine gemeinsame Hand
durch das weite Universum.

Drum lächle und sei leicht.
Denn das Leben hier gleicht
in der Tat einer Illusion.
Das wusstest du auch schon,
lange bevor das Wort erfunden wurde.

Nun erfinde dich neu und erfreu dich
an all den verwandten Seelen.
Lass uns schweben
zum Himmelsblau und leben!
Du weißt genau, wie das geht.

Es steht in deinem Lebensbuch.
Suche nicht, du hast es längst in dir.
Glaube mir,
frier nicht länger im Schatten.
Davon hatten wir alle mehr als genug.

Ergreife den Krug mit erfrischendem Wasser
und ergieße dich in deine Seelenvase.
Nichts ist wirklich. Wir schweben alle
in unserer eigenen Blase
durch das Weltendickicht

und singen unsre Lieder.
Ob Specht, Spatz, Habicht
ist dabei völlig egal.
Der Blickwinkel macht's.
Die Wahl ist ganz bei dir.

Lass den Gedankenschmalz.
Freude heißt das Salz in der Lebenssuppe.
Und jede schneebedeckte Kuppe
ist ein neuer Genuss im Fluss des Seins.
Steig hinauf und nimm in Kauf,

dass du den Gipfel atemlos erreichst.
Nichts ist schöner. Nur das Schaukeln
im Wipfel deines Lieblingsbaumes.
Dort zu Schlummern im friedlichen Atem
deines Traumes hat eine ebensolche Magie.

Es gibt viele Wege zu dir,
wie du siehst.
Hauptsache, du fliehst
nicht vor ihnen,
sondern erstürmst deine Gipfel

auf deine Weise.
Denn auch das lauteste Geschrei
wird   l e i s e
in schwindelhoher Alleinigkeit
mit dir!

Gedankenleer.

Die Gedanken werden l e i s e.
Dein Blick schweift gedankenleer
über das Meer.
Bist weit weg
von Lärm und Dreck.

Bist bei dir,
im Hier und Jetzt.

Nichts und niemand hetzt,
und mit jedem Regenschleier
wird deine Seele frei und freier.
Schwebt sich selbst entgegen
im silberleichten Tropenregen.

Gezähmter Geist.

Gezähmter Geist.

Du bist es,

der uns den Weg

in die Mitte

unserer Stille weist.

Großer Frieden.

In großem Frieden liegst du hier,

glücklich in dir gelandet.

Du atmest aus und bist bei dir,

—nein, du bist nicht gestrandet.

Wackerstein um Wackerstein

fällt von deiner Seele.

Es sei ein ein äußerst leichtes Sein,

das dich ab jetzt erwähle!

Glühwürmchenkokospalmenbad.

Gerade nahm sie ein Bad
unter den stillen Schatten
der Kokospalmen.
Leise zog sie ihre Bahnen,
begleitet vom Blinklicht
der Glühwürmchen–
welch ein zauberhafter Moment.

Zeitloses Gleiten
in den Weiten
einer zikadenerfüllten
Tropennacht.
Nie hätte sie gedacht,
dass es sowas gibt.

So wie die Fireflies
durch die Nacht gleiten,
so reiten wir auf
der Welle des Lebens,
schaukeln im Wasser
und trinken die Kokosmilch
eines verglühenden Tages,

denn aus der Nacht
wird Neues geboren.
Das Alte ist vergoren, vorbei,
und doch geht nichts verloren
im immerwährenden
Kreislauf des Lebens,
im GlühwürmchenKokospalmenBad.

Glückswurzeln.

Lass es mir gut gehen

am Meer, am Strand,

mit mir Hand in Hand

an der Waterkant

entlang schlendern

und an den Rändern

Freudenperlen finden,

mich von allem entbinden,

fühle Glückswurzeln sprießen

und mich durch meine Freude fließen.

Hagebuttenherbst II

Alles begann in der Nacht. Ja, ein neuer Anfang sozusagen. Blumen aus Licht vertrieben die Unruhe im Meer und sie wurde wieder Eins mit sich und der Welt.

„Alles ist so eigenartig heute," dachte sie und lauschte in die bäumerauschende Nacht. Es roch nach sterbendem Laub, feuchter Erde, nach Abschied und Vergehen. Ja, das war es. Natürlich. Wieso ging es ihr nur jedes Jahr aufs Neue so, dass sie nicht darauf kam, was sie da eigenartig kühl im Nacken umfasste und dann für kurze Zeit mit eisigem Griff umklammert hielt? Ihr Freund, der Herbst, war zurückgekehrt und schüttelte dem Land so heftig die Hand, dass die Blätter nur so aus den Bäumen stoben.

Es war ein herrlich milder Herbst, doch seit vier Tagen war es stark abgekühlt, sodass die Pflanzen unsanft daran erinnert wurden, dass die Zeit gekommen war, sich an Mutter Erde zu kuscheln wie eine schnurrende Katze an den wärmenden Ofen und auszuruhen. Genug geblüht und gewachsen. Nun hieß es Stängel, Ast und Borke wohlig zu recken und sich ganz der Innenschau hinzugeben.

Der Schein ihrer Leselampe beleuchtete eine Aster vor ihrem Fenster, die ihre lilafarbenen Köpfchen leise im Wind hin und her wiegte. Blumen im Herbst, dachte sie. Und was für Schöne hatte sie heute auf ihrem Spaziergang entdeckt: In allen Farben des Oktobertages hatten sie im unwirklichen Licht geleuchtet.

Sie setzte sich wieder in ihren Sessel, aus dem sie vorhin, von innerer Unruhe getrieben, aufgestanden war und lauschte in sich hinein. Die Wogen auf ihrem Gefühlsmeer wurden langsam sanfter, nun, da sie den Grund gefunden hatte. Sie atmete tief und ruhig, wurde wieder eins mit sich und der Welt. Bereit für das Neue. Bereit für den Hagebuttenherbst.

Hánchi lamadú.

Gumga dsumm

húmna kibána

dungána ta

huwína lumm

Gínga litáta

wínchi mukmuk

élbo nucnuc

wínda riwáka

Gónchi mabáku

sánaba dikdik

wikóna ziczic

Hánchi lamadú

Heimatstrand.

Du hast deinen Strand erreicht,
von blauem Meer umspült.
Die Seele schwebt so rosig leicht
dahin und nichts mehr fühlt

sich dunkel an, schwer oder kalt.
Du bist nun am Heimatstrand,
jetzt, nicht morgen oder bald,
und Zeit zerrinnt zu weißem Sand.

Du entsteigst den sanften Fluten
und atmest dich in neuer Zeit.
Es öffnen sich die lichten, guten
Flügeltore der Ewigzeit.

Wenn wir in uns gelandet sind,
fließt goldene Energie.
Wir werden wieder Sternenkind
in zeitloser Magie.

Herbst (Fall).

Der Herbst bringt die Farben zum Leuchten

und erquickt am Morgen die feuchten

Wiesen und Wälder,

durchstrahlt die nun kahlen Felder.

Der Herbst bringt die Blätter zu Fall,

sie wirbeln zuhauf, überall

ist der Wechsel in die Stille zu spüren,

um uns zu uns selbst zu führen.

Der Herbst bringt die Menschen zum Schweigen,

und mit ihm beginnt der Reigen

des ewigen Vergehens und Werden

für uns alle hier auf Erden.

Herbstkniefall.

Mit einem Herbstkniefall
verneigen sich die Blätter
vor Frühling und Sommer,
die sie munter sprießen
und freudig wachsen ließen.

Mit einem Herbstkniefall
ehren sie ihre Eltern,
Mutter Erde und Vater Baum,
die ihnen Nahrung und Zuhause gaben,
und sie beschützt, erzogen haben.

Mit einem Herbstkniefall
begrüßen sie den Winter,
der ihren Eltern Ruhe schenkt.
Nun ist alles Leben erschlafft,
und die Erneuerung braucht Kraft.

Mit einem Herbstkniefall
verneige auch ich mich
vor Mutter Erde und dem Leben.
Und auch bei mir kehrt Ruhe ein,
um mich der Stille hinzugeben.

Herbstvagabund.

Was für ein herrlich träge
tröpfelnder Novembertag.
So wie der feine Nebel,
der um die Bäume zieht.

Alter Herbstvagabund, du.
Neckst uns mit Fliegenpilz
und bunten Blätterhallen.
Lädst ein zum Verweilen,
Atmen und Innehalten.

Dein feucht-grauer Mantel
legt sich auf die Erde
und schenkt ihr endlich
Ruhe und Einkehr
zur Vorbereitung auf
den neuen Frühling.

Hier und Jetzt II.

Im Hier und Jetzt zufrieden sein.
Mit anderen und auch allein.
Nicht immer, doch so oft es geht.
Auch wenn man sich im Wege steht.

Vergangen heißt: Aus und vorbei!
Was morgen wird ist einerlei.
Denn nur das Heute kannst du fassen.
Gestern, Morgen: ruhen lassen.

In der Übung liegt der Schlüssel
zur entleerten Kopfraumschüssel.
So gewinnst du Raum und Platz
für dein Sein, den größten Schatz!

Honigsonne.

blätterfang im reigen des seins
seelenschlupfloch gefunden
—hindurchgeschlüpft

wen haben wir denn da?
blaugetupfter hupferding
freut sich auf den neuen tanz

sommermorgenduft
lockt mit tropfenklang
und honigsonne

gestreckter flug
im funkensog
des spiralnebels

Horche tief.

Horche tief

in dich hinein

in deinen Stein

der Weisen.

Hymne an den Kosmos.

Sie möchte den Kosmos mit ihr verlinken,
die Himmelsglut der Sterne trinken
und dann aufs weiße Mondbett sinken.

Sie möchte den Staub der Venus schmecken,
den Jupiter ein wenig necken
und dann an Saturns Ringen lecken.

Sie möchte einen Knoten in Kometen machen,
mit Neptun um die Wette lachen
und dann den Feuerstern entfachen.

Sie möchte Sonnensterne pflanzen,
mit den Sternenschnuppen tanzen
und sich dann im Licht verschanzen.

Epilog

Sie träumt sich oft ins Weltenall,
ohne Angst vor freiem Fall
oder vor dem großen Knall.
Durchstarten ohne Widerhall.

Sie wird schwereloser schweben
durch das unbeschwerte Leben.
Ihm ihre ganze Liebe geben
und sich dann still als Stern erheben.

I am beginning to see the light.

Draußen frostiges Schweigen.

Menschen frönen bei Heizungsluft

gekonnt der Fröhlichkeit.

Du nicht dabei.

Bist heut zu Besuch bei dir!

Drinnen klare Stille.

Seele huldigt der Einkehr.

Du dabei.

Bist heut zu Besuch bei dir!

I am beginning to see the light (Duke Ellington)

Im Fluss deines Herzens.

Du löst dich auf

im Fluss deines Herzens

und folgst nun dir.

Du bist.

Du bist wir.

Wir sind alles.

Alles ist nichts.

Nichts ist das Ganze.

Das Ganze ist Leere.

Leere ist Fülle.

Fülle ist Stille.

Stille ist Liebe.

Liebe ist Licht.

Im Seelenmeer.

Im Seelenmeer.
Türkis.
Luftblasen
sprudelnden Lebens.
Die Luft atmet das Wasser.

Rote Haare im Wellengang.
Wiege mich,
du Meer des Lebens.
Ergeben atme ich Dich.

In Leichtigkeit.

Sei leicht.
Es reicht
mit der Schwere.
Verwehre dir nicht
das Licht.

Sei leichten Fußes
und frohen Mutes
und gleite
auf goldenen Schwingen
ins Gelingen.

Reite den Drachen.
Hör dein Lachen
in den Wäldern.
Flieg zu Dir
ins Hier

und Jetzt.
Sei du.
Hör dir zu.
Bleib dir treu
und erfreu
dich an dir.

Innehalten.

Innehalten,

um den Raum in Dir zu gestalten

und die Stille zu verwalten.

Für die Trennung vom Alten

und als Mittel gegen das Erkalten

der Seele

erwähle das Halten im Innen,

um erneut zu beginnen.

Innentanz.

Jetzt beginnt der Tanz

im Innen,

und binnen

weniger Sekunden

bist du in dir

verschwunden.

Klares Licht.

Nicht zögern, hadern, zaudern,
quatschen, labern, plaudern,
sondern in Stille vorwärts geh'n
und dabei stets nach innen seh'n.
Dich selbst ganz fest und klar im Blick,
das ist schon der ganze Trick.

Dich gar nicht beirren lassen,
und dein Ziel ins Auge fassen.
Mutigen Schrittes vorwärts geh'n
und dabei nur nach innen seh'n.
Das Außen spiegelt dich dabei,
lass' geschehen, lebe, sei!

Dieses gilt es zu erkennen.
Höre endlich auf zu rennen,
und lerne aus der Illusion.
Hör' auf Zeichen, jeden Ton.
Lass dich nicht täuschen noch verführen,
denn die Wahrheit kannst du spüren.

Vertraue auf dein klares Licht,
denn ein anderes gibt es nicht.
Das Außen ist dein Zwillingsblut.
Machst du deine Sache gut,
so wirst du es im Außen sehn
und alle Zeichen stets versteh'n.

Kletterwald.

Deine Seele klettert
im Geäst der Freiheit
und tanzt in den Wipfeln
der Unbeschwertheit,
lässt sich sanft fallen
in den Freiraum
der Leichtigkeit
und gleitet weich
den Stamm der
Bodenhaftung hinab,
um sich im Schoß
von Mutter Erde
einzukuscheln
und dort Wurzeln
zu schlagen.

Klippen der Zeit.

Warum bleibst du nicht im Hier und Jetzt,

sondern hetzt durch dein Leben

ohne eben mal inne zu halten

und die Seele walten zu lassen.

Du kannst nichts verpassen

außer dich selbst.

Du hältst den Schlüssel

in der Hand.

Umschiffe galant

die Klippen der Zeit,

und sei bereit

für grenzenlose

Gelassenheit.

Lächelnder Frieden.

I

Sturzbäche des Unverstehens
rauschen durch deinen Kopf.

Hohe Gefühlswogen
durchfluten dein Herz.

Deine Emotionen
stehen Kopf,
schlagen Kapriolen,
sind durch den Wind.

Eine frische Brise
täte jetzt gut.
Helles Sonnenlicht
wäre erheiternd.
Sanftes Wellenrauschen
könnte beruhigen.

II

Mit deinem Gedankenschlüssel
öffnest du die Flügel
deiner Seelenfenster
und lehnst dich weit hinaus.

Atmest klare Luft.
Schmeckst weiches Salz.
Spürst milde Sonnenstrahlen.
hörst seichtes Meereswogen.

III

Wind, Licht und Wasser
durchströmen, durchfluten, durchspülen
dein Sein.
Reinigen dich.
Klären das Ich,
bis sich
nur noch blaues Licht
aus dem Kern

ins Alleins ergießt
und alles durchfließt
in lächelndem Frieden.
Lass dich fallen.

Lass dich fallen.
Hör auf zu halten.
Lustwandle in deinen Hallen.
Hier darfst du schalten und walten.

Lass dich fallen.
Sei dem Boden nah.
Hör auf, die Fäuste zu ballen.
Sei einfach präsent, ganz wach, ganz da.

Lass dich fallen.
Sinke in die Erde.
Schöpfe aus den mächtig prallen
Vorräten deiner Schatzkammer und werde

ganz du.

Lauschen.

Feuchtes Laub und nasse Straßen.

Ja, wir alle vergaßen,

ganz im Sommerrausch,

dass es auch

ein Welken gibt.

Blätterbunt und Laubbergwirbel.

Und manchmal ists,

als hättest du

die Linie längst überschritten

mit deinen festen, harten Tritten.

Und während der erste Herbststurm tobt

hast du dir selbst ganz fest gelobt,

ab jetzt besser zu lauschen

auf das, was in dir reifen will.

Also lausche ... und sei still!

Lebensfunken.

Weißt dich zu nähren, halten, weiten,
musst dein Leben nicht bestreiten.
Vertraust dich ganz dem Leben an
und weißt, dass nichts dich engen kann.

Du fließt mit dir und gibst
dich hin, vertraust und liebst.
Und ziehst in kreisenden Bahnen
mit dir und allen Ahnen
dem goldenen Morgen entgegen
im Sternenschnuppenregen.

Und dazwischen ist das Hier,
der Ankerpunkt ganz tief in dir.
So lass' nun los und alles treiben,
ohne stoßen, ziehen, reiben.

Sanft und weich wie Blütenstaub
spielst du mit dem feinen Laub
des grünen Lebensbaumes
als Schöpferin des Lebenstraumes.

Lebensgeisterdrachen.

Lass die Lebensgeister erwachen
und wecke die wilden Drachen
in dir.
In dir.

Sei Flamme und Feuer
und ungeheuer-
lich groß.
Groß.

Sei famos.
Grandios.
Sei.

Leicht.

Was bedeutet leicht,
fragte der Elefant
den Schmetterling.

Leicht ist was uns beflügelt,
antwortete er
und flatterte davon
in die Abendsonne.

Der Elefant hatte verstanden,
wandte sich zum Licht
und schritt leichtfüßig
hinaus in die Weite
der Savanne.

Leuchtfeuer.

Der Stammtisch der Birken
lädt zum Stelldichein.
Es wirken
magische Juninachtkräfte
auf dein
Seelenzelt,
und es fällt
ein Sternenschauer
vom Firmament.

Dein Leuchtfeuer brennt
lichterloh.
Hell und froh
leuchtet dein Stern.
Und aus nah und fern
erklingen die Lieder
der Ahnen
und bahnen dir
den Weg zurück

zu dir.

Liebeslaubelixier.

Ich laufe durch raschelndes Laub,
versunken in mir
und in der Stille.
Plötzlich die Stimme
eines tieferen Weges.
Anwesenheit der Ahnen.

Werde still und lausche
Hörst du den Strom der Liebe?
Du bist die Liebesessenz aus Tausenden.

Longing for Belonging.

Den Beschleunigungsmotor
entschleunigen,
und den Rotor
einfach ausstellen.
Sinnesschmelzen.
Sich eintakten
in den Wiegeschritt
des Lebens.

Barfuß,
Eis schleckend,
die Straße entlang schlendern
und das tiefe Himmelblau
einsaugen.
Schaukelnde Rosen im
nordischen Sommerwind.
Die Küste ist nah.

Mähnenpracht.

Dein Ego fängt an zu verstehen,
es lässt los, es lässt dich gehen.
Du fragst dich verwundert:
Wer bin ich
eigentlich
in diesem Spiel?

Du weißt das Gegenteil von viel
und bist an dir vorbeigegangen.
Oft war dein Himmel grauverhangen,
warst in Sorgen, Angst gefangen
und lagst wach in dunklen, bangen
Stunden mit dem Blick zur Uhr
und fragtest dich: Was mach' ich nur?

Bist in manche Falle getreten,
bis du wusstest, du brauchst Stille,
brauchst Besinnung und das Beten.
Musst wieder üben zu vertrauen
und dein Sein ganz neu erbauen.

Mango-Mambo.

Verstehe durch Nichtdenken
und bin durch Sterben.
Vergehe durch Leben
und erblühe durch Stille.

Rosenwasser heißt mein Bett
und Haferflocke meine Decke.
Warmes Wasser durchflutet meine Träume
und Mangosaft mein Lachen.

Lass' das Leben saftig tropfen
und lecke mir die süßen Lippen
nach jedem neuen Bissen.
Ströme, fließe und vergehe.

Mein Wort zum Ostersamstag (kurz und bündig).

Heute will ich gar nichts hören.

Heute darf mich keiner stören.

Heute will ich Ruhe haben

und mich an mir selber laben.

Mondweiße Nacht.

Wenn die Seele in mondweißer Nacht

auf den Grund ihres Sees hinabsinkt,

lautlos schwerelos, sanft,

gleich einer riesigen weißen Schwanenfeder.

Dorthin, wo das Lächeln der Fische

in der Tiefe des Blaus beginnt.

Dann herrscht Schwerelosigkeit,

ist es vollbracht.

Dann lacht

der Chor

der Meerjungfrauen

das grüne Lächeln der Freude.

Nachricht von der Sternenzeltbewohnerin.

Ich brauche keinen Glimmer,
und kein Luxuszimmer.
Meines ist das Sternenzelt
mit Sternschnuppe
und ohne Welt.

Wo sich die Birken leise wiegen,
und auf dem Moosbett Elfen liegen,
sich rekeln, lächeln und träumen–
von Glühwürmchen
und unbegrenzten Räumen.

Wo die Stille lauter ist
und alles sich im Traum vergisst,
die Welt sich etwas leiser dreht,
leise den wachen Himmel schaut
und sich zuzwinkernd versteht.

Nadelöhr.

Stille

verschafft sich

Gehör,

zieht vorsichtig

Schuhe und Strümpfe

aus

und schlüpft

lautlos

durch das

Nadelöhr

der Zeit.

Nichts muss schnell.

Nichts muss schnell
und nichts muss jetzt.
Wenn Du so durchs Leben hetzt,
ist es nicht verwunderlich,
dass es Dir den Rücken bricht
oder dich im Herzen sticht.
Dir die Lunge will versagen
oder Darm und Magen klagen.

Mach 'ne Pause, hol mal Luft,
bevor dein Lebenslicht verpufft.
Denn: Eine Pause ist der Futtertrog,
aus dem die Seele Hafer frisst.

Falls du's wieder mal vergisst,
denke an die schlechten Zeiten,
um den Horizont zu weiten
und zu sehn, dass niemand log
Mach dir erst mal einen Tee
und ruhe aus am Seelensee.
Lies in deinen eignen Zeilen,
übe Stillsein, das Verweilen.

Nordischer Sommerwind.

Die Schwere des Denkens

abwerfen

und auf Flügeln der Liebe

zu den Blumen der Weisheit

fliegen.

Frei und leicht

wie nordischer Sommerwind.

Nordisches Sommerfeeling.

Nordisches Sommerfeeling.
Wohlfühlpeeling für die Seele.
Sternencreme und Glücksextrakt,
Geistestee und Herzsmaragd.

Freudensalbe, Lachshampoo,
Frischluftkur kommt noch dazu.
Traumbalsam und Mutdragee,
Liebessaft und Dankestee.

Diese tollen Wundersachen
Lassen jeden wieder lachen.

Auch bittere Tropfen für Dämonen,
die in deinen Höhlen wohnen,
damit sie ins Licht entweichen.

Und aus den Zombies, alten Leichen
werden zauberhafte Lichtgestalten,
dir zu dienen, dich zu halten

im Lebensnetz aus Lichtsternbahnen,
um dich sanft zu deinen Ahnen,
vom Morgen in das Jetzt zu führen,
um dich endlich ganz zu spüren.

Alles ist perfekt verwoben,
innen wie außen, unten wie oben.
Wir sind alles und das Nichts,
und aus der Seelentiefe spricht's:

„Lass das Halten, lös' dich auf,
und lass dem Leben seinen Lauf.
Fließe, fliege, sei im Sinn,
und gib dich deiner Seele hin.

Sie führt dich zurück nach Haus,
sieht es auch nicht danach aus.
Sie macht niemals einen Fehler,
durchwandert klaglos tiefste Täler,

um dann im Seelensonnenschein
ganz einfach nur bei dir zu sein.
Freue dich auf deine Reise,
nimm behutsam, zart und leise
deine Zauberwanderschuh,

zieh sie an und bind sie zu.
Nimm den Stab, den Mut, die Kraft,
und dann geh auf Wanderschaft.
Sieh den hellen Pfad sich winden,
auf seiner Fährte wird sich finden,

was du bist, zu dir gehört.
Und was vergiftet, alt und stört.
Sammle, sortiere und wandre.
Sei der Fluss, mäandre
lächelnd durch die Lebenswelt.

Träume unterm Sternenzelt
und erwache an der Quelle.
An eben dieser Stelle,
aus der du gekommen bist.
—und ruhe,
denn eine Pause ist der Futtertrog,
aus dem die Seele Hafer frisst.

Hier sind Ende und das Ziel.
Weder gar nichts noch ganz viel.
Hier dreht sich das Rad von vorn
und entspringt dem Samenkorn
erneut ein frisches Zauberleben.

In jeder Sekunde, jedem Moment,
wo dein Lebensfeuer brennt,
ist der rechte Augenblick
für den kleinen Zaubertrick.

Es braucht nur einen kleinen Funken,
um zu brennen, zu verglühen.
Tausend feine Funken sprühen
in das Lebensall, vergehen.

Und aus der grauen, kalten Asche
wird dein Phönix auferstehen.

Also glühe, sprühe, fließe,
wachse, keime, sprieße.
Lass dich froh ins Weltall treiben,
und wenn du willst,
kannst du auch bleiben.

Nenn es Quelle, Phönix, Sein.
Die Antwort weißt nur du allein.
Darin liegt der ganze Sinn.
Gib dich deiner Seele hin!"

Nur Mut II.

Nur lauschen und sein.
Ruhig.
Parallel die Stimme:
Die Zeit läuft!
Ja, das tut sie,
aber für dich!

Alles ist gut und
kann nur besser werden.
Das ist das Geheimnis des Ganzen.
Nicht irritieren lassen,
gelassen durch die Dinge gehen.
Auch ohne Verstehen
das Gute in allem sehen.
Nicht stehen
bleiben,
sondern weiter im Fluss
des Lebens treiben,
und das Buch
des Lebens schreiben.

Geduldig.
Friedlich.
In Liebe.
Denn alles ist gut.
Nur Mut!

Nussbaumhain.

Ich sitze im Nussbaumhain und lausche
dem Rauschen des Windes.
Lausche der Stimme im Innen,
lausche der Stimme des Kindes.

Ich spüre die Sonne auf meiner Haut
und atme das Licht und die Formen.
Atme die Erkenntnis des Einsseins,
atme jenseits der Normen.

Ich sitze im Nussbaumhain und lausche
dem Rauschen der Stille.
Lausche dem stilllichten Geist in mir,
lausche, und fort ist mein Wille.

Paradigmenwechsel.

Die Menschen halten den Atem an,
und Mutter Erde atmet aus.
Der Hochgeschwindigkeitszug
von 0 auf 100 ausgebremst.
Stille.
Leere Straßen.
Die Stille des Übergangs.
Paradigmenwechsel.

Pause.

Graues ödes Sein.
Bedrückende Stille.
Wie lange noch weghören?
Deine Seele friert
und will nach Hause.

Gibt es einen Weg durch den
Dschungel?
Führt ein Pfad zur
Lichtung?
Gibt es eine erfrischende
Quelle?
Für dich und dein Pferd?

Ausruhen auf weichem Moos,
die müden Glieder gestreckt.
Es ist Zeit für eine Pause
auf dem weiten
Lebensweg.

Pausentraum (Hymne an die Pause).

Der Raum DAZWISCHEN...
Die Pause ZWISCHEN...
Dies gilt es zu erkennen.
Da liegt das Geschenk.
Darum geht es.

Die Pause weitet den Raum in uns,
zwischen uns, zwischen den Dingen,
zwischen uns und den Dingen.

Die Pause ist das Bindeglied,
der Klebstoff, durch den der Raum
erst entstehen kann.

Die Pause ist das Tor
zwischen Ohr
und Handeln.

Die Pause ist der Streitschlichter
zwischen Aktion und Reaktion.

Erst die Pause bringt uns
ins Gleichgewicht,
in die Ruhe,
in die Stille,
ins Sein.

Raum II.

Im Raum der Stille
gibt es keine
Fragen,
keine Antworten.
Nur Sein.

Im Raum der Stille
gibt es kein Müssen,
kein Sollen.
Nur Sein.

Im Raum der Stille
gibt es kein
Fordern,
kein Nein.
Nur Sein.

Reise Reise Reise.

Reise Reise Reise
Gedanken werden leise
Im weiten Meer aus Zeit
Macht sich Frieden b r e i t.

Hier ist kein Raum für Kopfgewicht
Nur Einkehr, Stille, Innensicht
Kein Gezerre und Getue
Daseinsfreude, Schaffensruhe.

Lass' die Seele baumeln
Gedanken fröhlich taumeln
Mach' dich lang und streck' dich aus
Bist bei dir, endlich Zuhaus!

Rosenblattland(ung).

Der Sommer lässt uns Wurzeln
und Purzelbäume schlagen,
uns in die Höhe schießen
und sanft auf einem
Rosenblatt landen.

Rückkehr.

Ich kehre in die Tiefen
meines Selbst zurück
und fließe atemrein
in das Sommerherbstgoldglück
und in mich hinein.

Ich tauche in meinen Ozean
in unendliche Weiten
und im flaschengrünen Sein
schaukel ich mit den Gezeiten
und mit mir.

Ich bin an meiner Quelle
im stilllichtgrünen Hain
und sehe mich erblühen
in dem großen Sein
und in dir.

Ruhe im Herzen.

Ruhe im Herzen.

Kein Wollen und Streben.

Ganz im Hier und Jetzt.

Atmen.

Leben.

Sammlerin.

Nun wirst du dich sammeln,

dich zu dir zurückholen,

dich auftanken, beleben,

erfrischen, erfreuen,

am Leben ergötzen,

Neugierde wecken,

das Leben necken,

eintauchen in ein Freudenbad,

dich mit Licht begießen,

an der Sternenglut erwärmen,

dich an den Farben des Meeres besaufen.

Sammeln und sein.

Schlaf.

Es liegt Stille über deiner Seele,
ein tiefes Schweigen hüllt dich ein.
Du kehrst in dich, nun erwähle
den Gang in deinen Seelenhain.

Angekommen sinkst du nieder,
und milder Schlaf will bei dir sein.
Er fährt dir sanft in alle Glieder
und flüstert: „Ja, jetzt bist du mein.

Ich heile dich von deinen Schmerzen,
und helfe dir, dir zu verzeih'n.
Nehme die Last von deinem Herzen
und wasche dich von allem rein.

Schweigendschönes Stelldichein.

Hitze schwitzt sich selber aus.
Seele ist bei sich Zuhaus.
Himmel kommt sich selbst entgegen.
Blumenbunt an stillen Wegen.

Wörter schweigen vor sich hin.
Verbeugung vor dem tiefen Sinn.
Körper hört in sich hinein.
Schweigendschönes Stelldichein.

Sommerbuntes Seelehupfen.
Und dabei ein Schlupfloch lupfen.
Fröhlichfreies Sommersein.
Ich mit mir und ganz allein!

Seegraswiesenwiegen.

In der Seegraswiese liegen
und mit der Dünung wogen.
Über alle Sorgen siegen,
in der Hand den Regenbogen,
der Liebespfeile sendet
in jede Himmelsrichtung
und alles Dunkle blendet.
Auf Fühlung und auf Sichtung
mit dem guten Sein.

So wiegt es mich hin und her
im stillgrünen Seetangwald
und der weiten Seegraswiese,
im großen, weiten Seelenmeer.

Seelenbad.

Funkensprühende Flut.
Knisterndes Wohlsein.
Flammende Lebenswärme.
Die Seele nimmt ein Bad.

Strahlende Freudenglut.
Schmeichelnder Glitzerschaum.
Erhebende Beglückung.
Seelenbad.

Seelenbaumelei.

Seele baumelt auf der Sonnenschaukel,

summt mit den Bienen

ein Sommerlied

und schaut

die Weite.

seelenbaumelei I.

im ruhenden schatten kühlender

bäume

spinnt die seele ihre

träume

schwimmt im see der

freudenzeit

milliarden tropfen

honigzeit

Seelenbaumelei II.

Jeder Atemzug
bringt genug
Leben zurück.
Zum Glück.

War schon ganz matt.
Keine Rabatt-
marken mehr.
Akku leer.

Jetzt tanken.
Fließende Gedanken.
Seelenbaumelei.
Frei.

Seelenbrief (Innehalten).

Sanfte Landung.
Die Verwandlung.

Kommst dir nicht abhanden.
Wirst nur in dir landen.

Komm nun mit mir
endlich heim zu dir.

Finde kleine Schritte
zurück in deine Mitte.

Auch ein Bewegungslos.
macht deine Seele groß.

Du musst gar nichts tun,
nur still in dir ruh'n.

So geht Nachhausekommen.
Hast dich an die Hand genommen.

Schwimmst im Seelenmeer.
Wie lange ist das her?

Jetzt darfst du dich genießen,
deine Seele sanft begießen.

Im Fluss der Freudenzeit
macht sich Lachen breit,

um dich fein durch zu kitzeln.
Deine Synapsen sollen britzeln,

bis nur noch Glück übrig ist
und du dich selbst vergisst.

Jetzt bewege deine Seele
ohne zu zögern und erwähle

mich für deinen Tanz
und werde heil und ganz.

Deine Seele.

Seelengarten.

Glauben, vertrauen und warten
im eigenen Seelengarten.
Auf gute Kräfte bauen
und nach vorne schauen.

Geduldig lächelnd sein.
Wasser höhlt den Stein.
Die Gedanken zügeln
und Falten grade bügeln.

Kein Sorgen,
kein Morgen,
kein wie.
Atme tief
und sammle Chi.

Seelenschlaf.

Wenn sich die Seele schlafen legt
und in ihre blauen Tücher hüllt,
sich in ihr keine Seele regt
und sich ihr See ganz langsam füllt,
dann ist Frieden im Seelenhain,
und alle Sterne leuchten.

Dann ist das wahres Beidirsein,
und glitzernde Tränen befeuchten
die Blumen in deinem Seelengarten
und wässern die trockenen Stellen.

Auf Aktion folgt immer warten,
auf dunkle Tage folgen die hellen.
So ist der Lauf der Lebensspirale,
ein Auf und Ab im Wellenspiel,
und du stehst so manche Male
da und rufst:

„Zu viel
des Guten, ich muss ruhn,
einfach zu mir kommen,
und einmal wirklich gar nichts tun.
Ich bin erschöpft, gestresst, benommen."

Dann gib dich jetzt dem Atmen hin,
finde Frieden – hier, in MIR.
Alles Geschehen hat seinen Sinn.
Vergiss nie – ICH BIN bei dir!

Seelensein.

schüttle den reifen baum
und erwecke den traum
hauch ihm leben ein
dem seelensein

fang die goldnen taler
bist der maler
deiner gedichte

web den lebensfaden
und geh baden
im seelenschein
nur du allein

Seelenwald.

Durchwanderst deinen Seelenwald
mit vielen trüben Fragen.
Empfindest es im Außen kalt,
hast schwer am Grau zu tragen.

Das Pflanzenstrahlen wärmt dich auf
und auch die vielen Stimmen.
Des Flusses träger Plätscherlauf,
in dem die Blätter schwimmen.

Jedes ist ein Lebenszelt,
aus Seelengrün gewebt.
Von reinem Liebeslicht erhellt,
auf dem das Rad des Lebens schwebt.

Langsam fließt dein Fluss dahin,
in unendlich sanfter Stille.
Gibst dich den Lebensfluten hin,
denkst nichts, kein Muß, kein Wille.

Bilder tauchen klar empor
aus deinem Seelengrund.
Staunend stehst du nun davor,
denn jetzt wird alles rund!

Sein.

Genieße das Sein und die Wärme,
das Licht der Sonne
im schaukelnden Rhythmus
der Zeitlosigkeit.

Bist befreit
von gelenktem Denken
und fließt in dich hinein,
bist dein Quell, dein Ursprung.

Sommerfrieden.

In der Luft liegt
Sommerfrieden
wie in der Kinderzeit.
Bäume raunen Worte,
und Blumenduft beruhigt.

Freies, leichtes Schweben,
gleiten durch Raum und Zeit.
Nichts zählt mehr als der
Atem des Lebens
in diesem Moment.

Sommerschaukel.

Denken, träumen, schaukeln,
im Meer der Sinne gaukeln.
Mit dem Leben spielen,
und aus Tausenden die vielen
schönen Dinge tun
—z.B. ruh'n.

Und Sommerwind genießen,
mit Licht das Selbst begießen.
Offen in das tiefe Blaue
schauen, um genaue
Antworten zu umsegeln,
und entgegen aller Regeln
sich dem Selbst ergeben
—und leben.

Sonntagsfließen.

Im trägen Sonntagsfluss gelassen
dahin strömen,
ganz dem Rauschen der Bäume ergeben.
Himmelsblau pulsiert durch die Adern
und erfrischt die Lebensgeister.
Begeisterung ob des Seins.
Intensiv das Leben spüren.

Sanft streicht der Wind über die Seiten
des Lebensbuches
und blättert verspielt darin umher.
Leise erklingen die Saiten der Seelenlaute.
Die alte Weise von Werden, Sein und
Vergehen.

Klebe diesen wunderbaren Moment
mit dickem Freudenkleber in dein Buch,
lächle und sei.

Spätsommerfaulheitsrhapsodie.

Feiner, milder Sommerregen.
Sanft gesäuselte Melodie.
Keine Lust mich zu bewegen.
Spätsommerfaulheitsrhapsodie.

Träges Tröpfeln aus den Bäumen.
Seele einfach baumeln lassen.
Regenleichtes Sommerträumen
unter bunten, sommernassen

leuchtend frohen Blumenchören.
Schwereloses Sommerschweben
zwischen Düften, die betören.
Gaukelnd leichtes Leben weben.

Spätsommerstille.

Heute begannen sie:
Diese stillen Tage
voller Licht und Innehalten.
Voller Staunen und Demut.
Die Natur atmet den ersten
Hauch des Herbstes.

Spätsommerlicht.
Im Wind wiegt sich noch
der Sommer und im Licht
noch seine Wärme.
Spätsommerstille.

Spätsommerlicht.
Zwischen Rotkehlchen
und schwarzäugiger Susanne.
Schubkarrenstillleben.
Spätsommerstille.

Staunen unter Sternen im Stroh.

Stroh—Sterne—Staunen,
und in den Wipfeln raunen
die Elfen sich leise zu.

Wald—Wogen—Weite,
Und wie auf Federfüßen gleite
ich durch die Nacht–und Du?

Mond—Morgen—Magie,
und sehe klar wie nie
—ich trag' ja Zauberschuh!

Groß—Glühwurm—Genuss,
und auf einmal ist Schluss,
—nichts muss.

Endlich.

Stelldichein.

Herbstbelaubtes Stelldichein

im sonnengleichen Kerzenschein.

Hingestrecktes Seelensein

bei dir, mit dir, ganz allein.

Stillblaues Schweigen.

Still erblauendes Frühlingsschweigen
in krokusvioletter Luft.
Forsythiengelber Frühlingsreigen
in schwerem Hyazinthenduft.

Frohlockend buntes Sein
auf grüner Mutter Erde
in mild goldgelbem Schein.
Ich staune, wachse, werde.

Frühlingsneues Lebenssein
im ewig währenden Kreis.
Porentief und farbenrein,
das ist alles, was ich weiß.

Und das ist alles, was jetzt zählt.
Genießen, sein und leben.
Es ist das Leben, das uns wählt,
um uns ihm hinzugeben.

Stille.

Epilog

Großer Wandel ist im Vollzug,
und es ist Zeit,
in die Stille zu gehen.

Stille.

Dein Wille geschehe.

Ich wachse, bin und werde.

Vom Kopf bis an die Zehe.

Danke, Licht und Mutter Erde.

Stille I.

Stille bedeutet ‚nichts tun'.

Im Nichtstun liegt die Kreativität,

denn sie geht

einher mit der Stille.

Still schweigen.

Brich

nicht

das Schweigen

der Worte.

Nichts

spricht

lauter als

die Stille.

Tanz der Stille.

Wir tanzen in der Stille weiter…

Tanzen in die Stille hinein…

Immer weiter…

Immer weiter zu uns…

Immer weiter

in die Mitte allen Seins…

Verbunden…

im Lebenstanz...

im Tanz der Stille...

...—...—...—...—...—...

The four seasons.

Im Werden des ergrünenden Frühlings
spricht die Natur zu sich.

Im Wachsen des erblühenden Sommers
erkennst du dich.

Im Vergehen des erbleichenden Herbstes
reifen die Früchte nach.

Im Schweigen des erkaltenden Winters
liegt das Handeln brach.

Tiefer fallen.

Lass' dich tiefer fallen

und tiefer fallen,

den Antworten entgegen.

Sorglos schweben,

trotz allem, was ist

—

oder gerade wegen...

Tiefweiße Nacht.

In tiefweißer Nacht
schweigen die Gedanken.
Werden leise.

In freudiger Stille
umarmen sie das Herz.
Werden sanft.

In erhabener Aufmerksamkeit
begleiten sie den Geist.
Werden wach.

In erwartungsfrohem Gleichklang
fliegen sie gen Himmel.
Werden wahr.

Timeless.

I am timeless.
Absorbed by a landscape
like a deep green ocean
of sun, peace and happiness.

I am timeless.
Floating in the waters
of Barramundi Gorge.
Bubbling life and laughter.

The ocean of life
begins here.
The best state of being
- timeless!

Und leise kommt der Herbst.

Und leise kommt der Herbst

mit seinen Blättern angeflogen.

Und was bis jetzt

noch unfertig war,

kann jetzt in Stille reifen.

Und leise werden alle Dinge

miteinander verwoben.

Und was bis jetzt

noch uneben war,

kann jetzt die Ruhe schleifen.

Und langsam wirst auch du

dir selbst entgegen gehoben.

Und was in dir

noch unklar war,

das wirst du bald begreifen.

Verschmitzt lächelnder Schlafmond.

Und wenn sich der Mond

verschmitzt lächelnd

schlafen legt im Geäst

der stillen Bäume,

dann träume

ich von

Dir

.

Warme Schnuppen.

In der Stille sein.
Allein.
Kein
Laut, nur mein
Herzschlag.

Der Tag
weicht,
bleicht
aus
und geht.

Weit oben
steht
der Mond,
thront
über
Allem.

Und Sterne
fallen
gerne
allen
in die Arme.

Und hinterlassen
warme
Schnuppen
wie die Schuppen
eines Drachens.

Seit der Zeit
unseres Erwachens
war es der Klang
seines Lachens,
das uns
vorwärts trug.

Werden nie genug
bekommen
vom Funkenflug
des neuen
Morgens.

Sanftes Gleiten.
Durchschreiten
der Pforte.
Ankunft.

Willkommen ICH!

Eingeschneit
und weit
entfernt
von
Hektik, Stress und Stadtgewühl
lass' ich meine Seele baumeln.

Aufgehört hat
blindes Taumeln.
Endlich wieder das Gefühl
von
Ruhe, Frieden, Stille.
Jetzt bestimmt mein eigner Wille
über Rhythmus, Zeit und Raum.

Lange wurde er verletzt.
Nun wird gelebt
und nicht gehetzt.

Schöne leise Tage.
Willkommen ICH!

winterzeilen.

eisblumen schreiben
ihre winterzeilen in unsere seelen
geben uns langersehnten frieden

winter haucht uns stille ein
seelenschein im kerzenlicht
widerhall im klangkanon
des herzensrhythmus

spiegelglatter menschensee
hinwendung zum sein
aufgetautes seelenallerlei
im lebenstopf gegart

harren wir der dinge
die da kommen…

Wir sollten.

Wir sollten
mit dem Leben
fließen,
es vor allem
genießen!

Die
Sorgenfalten
glätten
und leben
als hätten
wir keinen
neuen Tag.

Wolkenfederfüße.

Ein beständiges Hinabsinken
in weiche Kissen.
Unablässig.

Tausende über Tausende pludrig weicher
Wattebäusche in Wolkengröße.
Lecker—mit und ohne Zuckerguss.

Entspannungsmodus eingeschaltet,
Sinkgeschwindigkeit multipliziert
mit dem Wohlfühlkoeffizienten.

Grad und Länge des Sinkens
bestimmen Dauer und Intensität
des Wohlgefühls,

des unendlich
erscheinenden
Entspannungszustandes.

Du sinkst hinab in ungeahnte
Wohlfühltiefen eines
zuckersüßen Ozeans.

Du schwebst mit den Seifenblasen
um die Wette und schleckst
deine rosa Zuckerwatte.

Mögest du, wenn, dann so landen,
dass du deinen Lebensgarten
schwebend durchschreitest,

dahingleitest auf Wolkenfederfüßen,
die leise zu den Sternen grüßen
und dich das sein lassen, was du bist.

Zeitatem.

Langsam, ganz langsam
tropft die Zeit.

Verschwendet sich nicht mehr
in ungehörten Sturzbächen.
Lacht das Lied der Waldelfen.
Tanzt den Reigen des Lebens.

Zeit hat sich selbst gefunden
und ruht sich aus.

Zwischenraumpausentraum (between the sheets).

Spüre den Zwischenraum...

Zwischen zwei Zwetschgenzweigen.
Zwischen zwei Herzschlägen.
Zwischen Ein- und Ausatmen.
Zwischen zwei Flügelschlägen.
Zwischen Blitz und Donner.
Zwischen zwei Windstößen.
Zwischen Tag und Nacht.
Zwischen zwei Menschen.
Zwischen Haut und Stoff.
Zwischen zwei Atomen.
Zwischen zwei Welten.
Zwischen zwei Wellen.
Zwischen zwei Lippen.
Zwischen zwei Tönen.
Zwischen allem.

Zyklus.

Dies ist ein Novembertag,

Wie ich ihn so gerne mag.

Leise fällt das Laub,

und der Staub

des Sommers legt sich

auf die Erde nieder,

und nächstes Jahr

beginnt alles wieder

von vorn.

Dies sei der Ansporn

zum Innehalten

in der Stille.

Kein Denken,

kein Wille.

Werde still im Innen,

und der Zyklus kann

von Neuem beginnen.

Zum Schluss: Das Ganze ist die Leere.

"Wohin nur mit all diesem Wundervollen? Wo bleibt es?" fragt die kleine Fee die große Fee unter Tränen.

"Es ist alles da und wird immer da sein - sicher und unvergänglich, denn die Liebe ist ewig, heil und unzerstörbar" sagt die große Fee zur kleinen Fee und macht eine ausladende Handbewegung in Richtung des grillendurchzirpten Sommernachtswaldes. Die kleine Fee folgt der Bewegung mit ihrem Blick, und plötzlich sieht sie überall Dutzende von Glühwürmchen als blinkende Pünktchen umherfliegen, verglühen und an anderer Stelle erneut aufleuchten, um dann abermals in der lauen Sommernachtsluft zu erlöschen...

Dann zeigt die große Fee zum Himmel. Die kleine Fee folgt ihrem Blick und schaut einen atemberaubenden Sternenhimmel—die Milchstraße... Und plötzlich zieht vor ihren staunenden Augen eine große Sternschnuppe ihre leuchtende Bahn über den Nachthimmel, um kurz darauf wieder zu verglühen.

„Alles ist eins" sagt die große Fee. Das Eine ist alles. Und alles ist nichts. Und das Nichts ist das Ganze. Und das Ganze ist die Leere."

Die Pause

ist der Futtertrog,

aus dem die Seele

Hafer frisst.

Zur Autorin

Das Schreiben be-gleitet mich seit mei-nem 10ten Lebens-jahr, ausgelöst durch ein Erlebnis an einem frühen Sommermor-gen: Ich erwachte im Zelt von einem ohrenbe-täubenden Vogelkonzert, griff vollkommen überwältigt zu meinem neuen Taschenkalender und begann zu schreiben.

Neugierde, Abenteuerlust und meine Tätigkeit als Geographin mit Spezialisierung auf Agro-forstwirtschaft in den Tropen und Hochgebirgs-ökologie trugen mich immer wieder hinaus in die Welt. So verbrachte ich u. a. mehrere Jahre in Norwegen, Ostafrika—hier habe ich u.a. eine 5-jährige Feldforschung zum Thema Gender und Ressourcenmanagement mit Promotionsab-schluss durchgeführt—den Niederlanden (u.a. Studium der Niederlandistik) und in Neusee-land. Ein wesentlicher Auslöser hierfür ist meine vom „Outdoor—Leben" und damit stark von der Natur geprägte Kindheit, denn meine Großel-tern hatten u.a. einen großen Agroforstgarten und eine Imkerei.

Neben dem Schreiben und der Natur liegen mir Kunst, Musik und Fotografie sowie Sprachen und Bewegung in verschiedenster Form z.T. seit frühester Kindheit am Herzen.

Es gilt,

den Zeitverschluss

ganz langsam zu öffnen

und vorsichtig hindurch

zu schlüpfen.

… und egal, was kommt:

Die Pause hat immer

ein Ohr

für die Stille...